Raphaël-Georges Lévy

L'Avenir
des
Métaux précieux

Essai

ISBN : 978-1979941747

10 9 8 7 6 5 4 3 2 1

Raphaël-Georges Lévy

L'Avenir des Métaux précieux

Essai

Table de Matières

Introduction

Le 28 octobre 1893, j'étais à Cripple Creek, dans le Colorado
(États-Unis d'Amérique), à trois mille et quelques cents mètres au-
dessus du niveau de la mer. J'avais passé ma journée à parcourir
en compagnie de quelques ingénieurs ce nouveau district minier,
ouvert seulement depuis deux ans à l'activité des « prospecteurs [1] »
et déjà peuplé de plus de douze mille personnes. Pour un *baby
camp*, un campement dans l'enfance — comme les Américains
l'appellent dans leur langue pittoresque — c'est un assez joli
chiffre : aussi ne parlent-ils de leur nouveau-né qu'avec amour et
dévotion. De tous les côtés des États-Unis, ils accourent visiter
le domaine de Cripple Creek, les 108 mines baptisées des noms
les plus variés et dont les travaux font ressembler les hauteurs
environnantes à une immense fourmilière. Partout une activité
intense : des bâtiments élevés comme par enchantement en une
semaine ; des charrois incessants sur toutes les routes d'alentour ;
des mineurs expérimentés affluant des autres parties du Colorado
ou des États voisins. Le soir, assis dans le hall du Palace hôtel,
éclairé à la lumière électrique tout comme les rues de la ville âgée
de dix-huit mois, je lisais le journal du cru, le *Broyeur (Crusher's
Gazette)*, qui n'est point le seul de Cripple Creek. Nous avons aussi
une gazette du malin, et bientôt nous aurons une troisième feuille
quotidienne, plus considérable que les deux premières. Soudain
une grande rumeur s'élève, la foule s'amasse autour de l'hôtel et se
porte à la rencontre d'un vieillard encore vert, qu'elle salue de ses
hourras : il s'arrête sur le balcon et se met en devoir de haranguer
la foule. C'est le gouverneur du Colorado, l'honorable D. J. Waite,
l'un des chefs du nouveau parti populiste, qui se sépare à la fois
des républicains et des démocrates. Je ne prêtai d'abord, je l'avoue,
qu'une attention distraite à son discours. J'y trouvais beaucoup
de lieux communs sur la tyrannie du capital, le despotisme des
banquiers, l'égoïsme de la perfide Albion, dont j'avais trop souvent
été fatigué en Europe, et je m'étonnais qu'ils eussent franchi l'Atlan
tique et trouvé un écho dans ce pays vigoureux, où la masse est
non seulement intelligente, mais instruite.

Je regardais le ciel où les étoiles brillaient d'une incomparable

1 Gens qui font métier de rechercher les gisements miniers.

splendeur ; j'admirais les pics neigeux des Montagnes Rocheuses qui nous entouraient et je savourais la pureté d'un air délicieux. Malgré la saison avancée, la réunion avait lieu en plein air. Des centaines de mineurs aux costumes et aux figures pittoresques se tenaient debout dans la rue et écoutaient respectueusement les tirades de leur gouverneur.

Ce cadre merveilleux, cette sérénité et cette beauté de la nature prêtaient à cette banale réunion électorale une grandeur dont bien peu d'assistants, à coup sûr, étaient frappés, mais qui contribuait peut-être, sans qu'ils en eussent conscience, à les maintenir dans ce religieux silence au milieu duquel parlait l'orateur. Tout à coup je fus frappé par une sortie véhémente dans laquelle l'honorable D. J. Waite comparait le président Grover Cleveland, demandant au Congrès de suspendre les achats d'argent de la Trésorerie, au roi Louis XIV révoquant l'édit de Nantes et forçant des centaines de mille de huguenots à s'expatrier ! Je souriais à ce parallèle, difficile à expliquer, mais de nature à émouvoir la foule, lorsque le gouverneur ajouta : « D'innombrables ouvriers qui étaient occupés à ce légitime labeur des mines d'argent ont été réduits à quitter leurs villages et à chercher ailleurs à gagner leur vie. » Puis vint une péroraison brillante, qui n'avait plus aucun rapport avec la question du métal argent, mais qui fit sur l'auditoire un effet profond : elle se termina par la citation d'un poème de Longfellow, que le vieillard récita d'une voix large et émue. Ces vers sonores soulevèrent des tonnerres d'applaudissements et des coups de sifflet, lesquels aux États-Unis sont la plus haute marque de l'enthousiasme populaire.

Après avoir eu l'honneur d'une audience de dix minutes, que le très affable gouverneur me donna avec une simplicité yankee, dans le hall de l'hôtel, au milieu de la foule de ses électeurs qui venaient lui serrer la main, je sortis et me promenai fort avant dans la nuit.

Certes, les arguments de l'orateur ne m'avaient nullement ébranlé. L'endroit même où j'étais me gardait de toute sensibilité anti-économique à l'égard des mineurs ; j'étais au milieu d'un champ d'or : Cripple Creek produit déjà près de 1500000 francs par mois et promet d'augmenter régulièrement la moisson annuelle du monde en métal jaune. Beaucoup des victimes du Louis XIV qui réside à la Maison-Blanche ont trouvé dans ce nouveau district un salaire aussi élevé que celui qu'ils recevaient et une vie aussi facile que celle qu'ils menaient dans les régions argentifères. Néanmoins le problème monétaire se dressait devant moi pour la millième fois de ma vie : il s'imposait à mes méditations avec une force singulière. Je ne saurais dire que les raisonnements que j'avais faits et acceptés jusque-là me parussent le moins du monde ébranlés ; mais il me semblait que malgré tout, je n'avais pas encore épuisé la question ; que certaines parties en étaient restées dans l'ombre ; et que je me devais à moi-même de tenter un nouvel effort pour soulever un autre coin du voile et tâcher d'ajouter une parcelle de vérité à celles que j'avais déjà pu entrevoir.

Pourquoi l'or seul et non plus l'argent ? Les statistiques suffisent-elles à expliquer le bouleversement contemporain dans la valeur relative des deux métaux ? Beaucoup des arguments avec lesquels on combat l'argent ne s'appliquent-ils pas à l'or ? S'il est incontestable qu'on ne peut pas assigner un rapport légal à deux marchandises, doit-on nécessairement pour cela exclure de la fonction monétaire l'un des deux métaux ? Chacun de nous se souvient de cette admirable page du philosophe Jouffroy, sans cesse citée comme un modèle de sincérité et d'émotion sublimes. Par une nuit silencieuse, en face des vieux arbres du préau de l'Ecole normale, Jouffroy se sent saisi d'un doute qui atteint toutes les croyances avec lesquelles il a vécu jusque-là. Il descend dans son âme avec un courage qui lui coûte, mais qui ne se dément pas une seule minute. Il reconnaît qu'il a besoin de « repenser » à nouveau une foule d'idées qu'il a crues jusque-là ancrées en lui. Il voit s'ouvrir devant lui une nouvelle vie de recherches et d'angoisses. Il n'hésite cependant pas. La vérité avant tout. Il travaillera toute sa vie, s'il le faut, à se refaire une foi.

Sans me permettre de comparer les vérités et les croyances économiques aux vérités et aux croyances religieuses, j'ose dire que cette nuit du Colorado, au cœur des Montagnes Rocheuses fut pour moi ce que celle de l'Ecole normale avait été pour Jouffroy. Non, nous ne saurions nous contenter de ce que nous avons admis jusqu'à ce jour : si le raisonnement mathématique est impuissant à détruire certaines doctrines, elles n'en sont pas moins insuffisantes, elles n'assurent pas à elles seules, à l'heure actuelle, la marche des sociétés humaines. Il faut donc, sans les renier, chercher à les compléter. Il faut creuser plus profondément le puits d'où la vérité doit sortir. A l'image de ces hardis mineurs qui descendent sous terre et fouillent la roche pour y découvrir le précieux filon, il nous faut sonder l'abîme et lui arracher encore quelques-uns de ses mystères.

« Ce livre est un livre de bonne foi, » disait le grand Montaigne, qui ne pensai ! pouvoir le mieux recommander. Les pages qui sui vent ont été écrites avec la plus entière sincérité, elles sont le fruit de méditations intenses. Je sens fort bien que nous sommes encore loin du but. Peut-être, cependant, mes lecteurs trouveront-ils ici quelques idées nouvelles qui pourront les aider dans leurs recherches et provoquer chez eux des réflexions dans une direction vers laquelle ils n'étaient pas encore orientés.

Section I

Le grand problème monétaire devient chaque jour plus grave. La violence des évolutions du monde amène une succession tellement rapide des événements que l'homme le plus attentif, le plus préoccupé du sujet, peut à peine observer d'une façon un peu approfondie les phénomènes essentiels. A plus forte raison lui est-il malaisé de formuler en cette matière les conclusions de la science économique, cette science essentiellement contingente et dont la plus grande difficulté résulte de ce qu'elle dépend de faits sans cesse modifiés et renouvelés. Nous ne songeons ni à en diminuer le mérite ni à en méconnaître la portée. Mais l'absolu n'est point son domaine, et la tâche première consiste à distinguer d'un côté ce qui constitue la partie en quelque sorte mathématique de l'économie politique, c'est-à-dire celle qui peut se formuler en lois presque aussi rigoureuses et certaines que les lois mêmes de l'inflexible géométrie, et de l'autre, celle qui doit jusqu'à nouvel ordre se contenter de généraliser le plus possible les événements quotidiens de l'histoire de l'humanité.

Si certaines règles de l'échange, de la distribution des richesses, peuvent être considérées comme définitives, il nous semble que le problème monétaire est loin d'avoir reçu une solution théorique, bien que les difficultés pratiques puissent paraître momentanément écartées dans un petit nombre de pays. Aussi, malgré la quantité énorme d'ouvrages publiés sur la matière, sans parler des considérations émises par d'éminents philosophes à diverses époques, est-il plus nécessaire que jamais d'en reprendre l'étude au point de vue doctrinaire. Il résulte, d'une façon évidente, de la condition présente de l'humanité, qu'il serait absurde de vouloir essayer de mettre l'univers entier au même régime monométalliste, que ce soit l'étalon d'or ou l'étalon d'argent. Or, si une vérité n'est pas susceptible d'application immédiate, nous devons être singulièrement circonspects à son égard et rechercher avec d'autant plus d'énergie et de sincérité les autres éléments de la question.

La théorie, à cette heure, doit se borner à affirmer une sorte de vérité élémentaire, à savoir qu'il n'est pas possible d'appeler du même nom un certain poids d'or ou un certain poids d'argent. Ici peut-être, comme en bien des choses humaines, l'imperfection de notre langage a contribué à obscurcir nos idées. Beaucoup d'ardentes controverses monétaires s'arrêteraient, ne seraient peut-être jamais nées, si nous nous étions mis au préalable d'accord sur la définition des mots et si nous n'avions pas désigné, dans la plupart des langues modernes, deux choses différentes par le même vocable. C'est là un point qui, croyons-nous, n'a guère été observé jusqu'ici, qui en tout cas n'a pas été mis en lumière ni placé, comme nous le jugeons nécessaire, à la base même des études monétaires.

Tout le monde a plus ou moins approfondi la question de la monnaie elle-même, énuméré les matières qui, en dehors des métaux précieux, ont servi successivement et servent encore aujourd'hui dans certaines parties du monde de mesure aux échanges. Les coquillages, les poignards, les paquets de tabac, les grains de verroterie, les bons de maïs des haciendas mexicaines, dans le passé ou dans le présent, ont joué et jouent ce rôle, en attendant la monnaie future qui — Edison l'affirmait ces jours-ci à un reporter américain — sera constituée par des cubes de farine séchée, comprimée et estampillée au coin du gouvernement. Si même nous nous bornons à ce qu'on est convenu d'appeler les métaux précieux, nous rappellerons que l'or et l'argent n'ont pas eu seuls ce privilège. La Russie a frappé à un certain moment des pièces de platine qui n'étaient point des monnaies divisionnaires. Mais, sans vouloir multiplier les difficultés d'un sujet déjà terriblement ardu par lui-même, qu'il nous suffise de considérer l'or et l'argent, c'est-à-dire les deux métaux qui ont joué un rôle essentiel au point de vue monétaire dans l'histoire de notre civilisation et de celles qui ont précédé la nôtre. Les quelques milliers d'années qu'embrassent nos connaissances à cet égard peuvent sembler au premier abord un espace de temps considérable ; elles sont probablement bien peu de chose dans le développement de l'humanité. Cette première réflexion servira à refroidir l'intempérance de certains apôtres de l'une ou de l'autre solution, en les invitant à essayer de se représenter d'une part ce que fut la monnaie dans les temps préhistoriques et d'autre part ce qu'elle pourra être dans l'avenir.

En nous contentant d'aborder la question telle qu'elle se présente à la fin du XIXe siècle, nous nous trouvons en présence des faits suivants : Les principales nations du globe effectuent leurs échanges et calculent leur richesse au moyen de pièces d'or et d'argent ; nous laissons à dessein de côté le billet de banque ou d'État, qui, pour ne pas être réduit à la condition d'assignat, doit être un engagement formel ou tout au moins une promesse éventuelle de fournir au porteur de l'or ou de l'argent en paiement de ce papier. Nous négligeons encore davantage les monnaies divisionnaires, qui ne sont en réalité, elles aussi, qu'une promesse de payer. Car, bien que contenant en elles-mêmes une certaine fraction de leur valeur nominale, elles doivent, dans toute bonne organisation monétaire, pouvoir être échangées contre des monnaies de pleine valeur. C'est ce qu'exprime par exemple formellement la loi allemande.

Mais qu'il s'agisse de disques d'or, d'argent, de cuivre, de nickel ou de billets de banque les représentant, la langue désigne d'un seul et même nom l'unité qui les constitue. Nous appelons franc un poids de 0,3225 grammes d'or à neuf dixièmes de fin ; nous appelons franc un poids de cinq grammes d'argent à neuf dixièmes de fin.

Il est probable que, si deux noms différons avaient été réservés à ces deux objets, l'humanité serait aujourd'hui plus avancée dans l'étude du problème. Les conférences monétaires internationales elles-mêmes auraient peut-être été moins stériles. Il ne faut pas s'imaginer que, parce que dans le cerveau de chaque Français l'idée de quatre pièces de cinq francs en argent est parfaitement adéquate à celle d'une pièce de vingt francs en or, cette identification soit une de ces œuvres élémentaires de la pensée humaine que nous nous figurons volontiers avoir été accomplie même par les intelligences primitives. Le contraire est vraisemblable si nous essayons de faire abstraction de l'état présent de nos connaissances. Nous sommes ainsi pourvus, s'il est permis d'employer cette expression, d'un certain nombre d'idées qui nous paraissent simples parce qu'elles ont été celles de la génération qui nous a précédés, et que nous en avons été imprégnés dès notre enfance. Mais, si nous voulons remonter à la source, nous jugerons que cette équivalence entre l'or et l'argent n'a pas dû être établie un seul instant par les premiers hommes qui se servirent des deux métaux, jaune et blanc, comme monnaies. De même qu'ils durent admettre la variation du poids d'or ou d'argent par rapport à une même quantité d'autres marchandises, un certain poids de fer par exemple, de même ils durent comprendre et bientôt constater que, suivant les temps et les lieux, une même quantité d'argent s'échangeait contre une moindre ou plus grande quantité d'or, et inversement qu'en échange d'un certain lingot d'or ils obtenaient, suivant les temps et les lieux, un lingot d'argent de poids variable.

Après tous les travaux de nos hellénistes, nos sinologues et nos égyptologues, après le bel ouvrage de Lenormant sur *la Monnaie dans l'antiquité*, il n'est pas démontré que chez tous les peuples anciens employant les métaux précieux un même mot servît à désigner indistinctement une certaine quantité, toujours invariable, d'or ou d'argent. Les Grecs comptaient par mines ou talents *d'argent*. C'est du moins ce qui fut longtemps le cas dans les républiques grecques avant l'arrivée en grandes quantités des monnaies d'or perses. M. Théodore Reinach, dans le très intéressant mémoire qu'il vient de publier sur les *Origines du bimétallisme*, fait observer que le rapport de valeur des métaux précieux chez les Grecs, loin d'avoir eu la fixité que la légende lui attribue, a varié dans le courant de leur histoire dans des proportions très notables. Il y a bien eu une période d'environ 150 ans, pendant laquelle une sorte de bimétallisme au sens moderne a existé ; mais, en général, lorsqu'un Grec énonçait une monnaie, sans désigner le métal dont elle était formée, c'est que le nom seul, par lui-même, indiquait déjà ce métal. Rappelons à cette occasion que les anciens Grecs employaient un troisième métal monétaire, non le cuivre, — qui n'obtint le rang de monnaie libératoire qu'en Egypte, où sa valeur était fixée au soixantième de celle de l'argent, et à Rome, dans les premiers siècles de son histoire, — mais l'électrum, l'or blanc, alliage d'or et d'argent que l'on recueillait dans le Tmolus et le Sipyle ainsi que dans les sables du Pactole. A l'époque où la Lydie frappait des monnaies de ce métal, qui, d'après les hypothèses les plus vraisemblables, se trouvait à l'état natif et n'était pas le résultat d'un alliage artificiel, elle eut un trimétallisme légal : électrum, or et argent. La valeur du statère d'or était fixée aux quatre tiers de celle du statère d'électrum de même poids. Il est bien certain alors qu'il ne suffisait pas de dire « un statère » pour éveiller dans le cerveau d'un Lydien une idée complète : il fallait spécifier statère d'or ou statère d'électrum.

Le rapport entre l'or et l'argent a été de 1 à 14 au temps de Périclès, de 1 à 12 au temps de Platon et de 1 à 10 au temps de Ménandre. Cette dernière proportion avait été adoptée par Alexandre le Grand, qui, frappant des monnaies d'or et d'argent à l'exemple des rois de Perse, établit un bimétallisme qui subsistait encore dans le monde hellénique au moment de la conquête romaine. Mais cette période ne représente que la moindre partie de l'histoire de la civilisation grecque. Pendant tout le reste de cette époque mémorable dans le développement de l'humanité, divers métaux précieux ont servi de monnaies ; une équivalence a été établie entre eux *à des taux variables* : ils ont circulé tantôt concurremment, tantôt à des moments différents. Mais, dans tous les cas, l'esprit public admettait l'instabilité des proportions.

Au moyen Age, la loi salique, en fixant le *wehrgeld* à payer pour racheter le meurtre de telle ou telle catégorie d'hommes, les estimait à un plus ou moins grand nombre de sous *d'or*. Après la période mérovingienne se passe un fait monétaire des plus curieux : l'or, qui constituait à peu près la seule monnaie libératoire sous la première dynastie, disparait soudainement pour faire place à l'argent, qui forme exclusivement, tout d'un coup, la monnaie carlovingienne. Les numismates font de vains efforts pour expliquer cette brusque transition, qui résulte de la façon la plus claire de tous les indices que l'on peut recueillir, mais qui est absolument inexpliquée jusqu'à ce jour.

Aujourd'hui même, l'idée de cette identification est loin d'être absolue, puisque dans certains contrats il est stipulé que le paiement se fera en tant de pièces de l'un des deux métaux spécialement désigné. En Amérique, par exemple, le créancier et le débiteur se mettent d'accord pour ne pas admettre le mot dollar comme une désignation suffisamment claire, suffisamment individualisée : mainte obligation de chemin de fer y est stipulée payable, tant en intérêt qu'en principal, « en dollars d'or du poids et de la finesse établis par les lois existantes au jour du contrat ». Il existe dans le même pays, à Boston en particulier, des sociétés immobilières propriétaires de terrains considérables situés souvent dans les États de l'Ouest, qu'elles louent pour 99 ans. Les locataires y élèvent des constructions dont la jouissance leur est acquise jusqu'à l'expiration de ce bail emphytéotique, et paient jusque-là au propriétaire une rente, qui est fréquemment stipulée « en un certain nombre de grains d'or ».

C'est là la démonstration la plus saisissante de ce que c'est, en réalité, que la monnaie, à savoir : un certain poids d'un métal donné. S'engager à payer un certain chiffre de dollars dans ces conditions, c'est tout simplement s'engager à livrer au jour de l'échéance un certain nombre d'onces ou de grammes d'or. L'engagement des compagnies de chemin de fer est identique, bien qu'exprimé d'une façon différente, à celui des locataires de terrains. Que la monnaie des États-Unis d'Amérique vienne à changer, que le Congrès démonétise l'or, débaptise l'unité monétaire, établisse le cours forcé des billets de banque, l'engagement ci-dessus n'en demeurera pas moins irrévocable et incommutable : le créancier aura le droit d'exiger exactement ce que son débiteur s'est engagé à lui payer, « un certain nombre de dollars d'or du poids et de la finesse établis par les lois existantes au jour du contrat », ou, en d'autres termes, un certain poids d'or pur.

L'humanité dans son évolution ne simplifie pas toujours les questions. Les dénominations monétaires usitées chez les différents peuples ont obscurci le problème, dont les éléments apparaîtraient beaucoup mieux si, au lieu de parler par exemple de mille francs, nous disions 322 grammes d'or. La comparaison entre les monnaies des divers pays deviendrait alors aisée, et il suffirait que les diverses nations aient adopté la même unité de poids (sur laquelle elles seront moins longues à se mettre d'accord que sur l'unité monétaire) pour que l'un des côtés les plus ardus du problème ait disparu. Que l'on aille en Chine, c'est-à-dire chez l'un des peuples qui ont le mieux compris que la monnaie est un certain poids d'un métal précieux ; que l'on demande à un Chinois si l'obligation contractée par lui de livrer un certain nombre de taels, c'est-à-dire un certain poids d'argent, peut être liquidée en livrant un certain poids d'or, nous serions bien étonné s'il ne répondait pas que ce poids d'or sera variable selon les époques.

Il pourrait sembler étrange à une génération qui a appris à compter en francs d'entendre dire qu'un homme possède 32 kilo grammes d'or au lieu de cent mille francs. Mais si nous voulons réfléchir à ce que signifie l'expression de cent mille francs, que représente-t-elle à notre esprit ? Un pouvoir d'acquérir un certain nombre d'objets qui seraient payés au moyen de cinq mille pièces de vingt francs, ou, pour parler plus simplement, 5 000 pièces de vingt francs. Or ces 5 000 pièces de vingt francs ont été monnayées au moyen d'une barre d'or pesant 32 kilogrammes.[1] L'expression est donc équivalente : mais elle cesse de l'être si on veut l'appliquer à notre état présent, car cent mille francs en France, à l'heure actuelle, ne veut pas seulement dire 32 kilogrammes d'or ; cela veut dire aussi 500 kilogrammes d'argent. Or l'immense avantage de l'autre manière de compter, en un certain poids d'un certain métal précieux, serait précisément d'ouvrir les yeux de l'humanité sur l'impossibilité pratique du double étalon ; nous ne disons pas du bimétallisme ! Nous distinguons absolument ces deux états ! Sous le régime du double étalon (l'expression propre serait l'étalon alternatif), l'autorité souveraine a décrété qu'un gramme d'or équivaut à 15 grammes et demi d'argent dans l'Union latine, ou à 16 grammes d'argent (15,99) aux États-Unis, ou à 15 grammes 7/8 en Hollande. Le bimétallisme serait l'état dans lequel on se servirait des deux métaux, mais sans que le gouvernement prétendît leur imposer un rapport fixe. Pour en revenir à notre exemple, les esprits les plus simples ne pourraient-ils pas comprendre qu'un homme possesseur de 500 kilogrammes d'argent et qu'un autre possesseur de 32 kilogrammes d'or n'ont pas nécessairement la même fortune ?

L'idée du métal précieux comme représentant la richesse est difficile à analyser d'une façon complète : elle est encore plus

---

1 Nous négligeons les fractions.

difficile à justifier par le raisonnement. L'or ni l'argent ne nous rendent par eux-mêmes de services essentiels. Le fer, le plomb, le cuivre, nous sont infiniment plus utiles et même nécessaires. Il n'en est pas moins constant que l'humanité dans son ensemble a admis l'or et l'argent à la fonction monétaire. Une partie de la production annuelle de chacun de ces métaux est employée par l'industrie, ce qui, soit dit en passant, garantit l'argent tout aussi bien que l'or contre une dépréciation absolue. Le reste fait fonction de monnaie en vertu d'un accord tacite, mais à peu près universel ; nous en exceptons certaines peuplades sauvages, qui d'ailleurs, dès qu'elles sont en contact avec les nations plus avancées, ne tardent pas à se civiliser sous ce rapport plus vite que ; sous d'autres et s'empressent de rechercher les métaux précieux aussitôt qu'elles ont appris ce qu'ils peuvent leur procurer.

Il n'est pas aisé d'expliquer pourquoi l'or et l'argent remplissent cette fonction de préférence à tant d'autres substances. Certaines de leurs qualités : rareté, dureté, fusibilité, homogénéité, ductilité, éclat, sonorité, inoxydabilité, les y rendent aptes à coup sûr et les désignent d'une façon spéciale. Le prix du temps et de l'effort employés à les extraire des entrailles de la terre se traduit également dans leur valeur. Mais ceci n'est pas une explication suffisante ; car ce même travail appliqué à d'autres matières ne réussirait pas à leur assurer cette fonction dans l'organisation sociale.

Sans croire, comme certains théologiens, à une institution divine, en vertu de laquelle l'or et l'argent auraient de toute éternité été désignés pour servir de monnaie, et sans prétendre accuser de sacrilège celui qui démonétise l'un ou l'autre, nous devons reconnaître qu'un certain consensus de l'humanité paraît jouer ici son rôle. Certes, les lois du travail d'un côté, de l'offre et de la demande de l'autre, entrent pour une part considérable dans la valeur des métaux précieux, mais elles n'en constituent pas à elles seules tous les éléments. Ce qui le prouve, c'est que de 1850 à 1855 la production annuelle de l'or avait doublé dans le monde sans faire varier la cote de ce métal d'une façon appréciable, tandis que l'argent a baissé récemment de 40 p. 100 dans la période où sa production annuelle a quadruplé. A un quart de siècle de distance, des variations énormes dans la production de chacun des deux métaux ont eu des effets tout différents.

On ne saurait donc méconnaître l'importance de l'autre élément, c'est à dire de l'aptitude à remplir la fonction monétaire, et nier que la législation des différents pays ait son influence sur la valeur de l'or et de l'argent.

Section II

Les partisans de l'étalon unique ont parfaitement raison de soutenir qu'on ne peut appeler franc à la fois une certaine quantité d'or et une autre quantité d'argent : mais ils ne démontrent pas qu'on ne puisse pas avoir simultanément deux monnaies portant, si elles ne sont pas désignées par leur poids, des noms différents, ou au besoin le même nom, mais suivi de la désignation du métal. Pourquoi n'aurions-nous pas le franc d'or et le franc d'argent ? ou pourquoi ne nous servirions-nous pas parallèlement du gramme d'or et du gramme d'argent ?

Je suis également frappé par la faiblesse des arguments des deux côtés. D'une part, quand les *monoristes* nous disent que le public ne veut plus de la monnaie d'argent parce qu'elle est trop pesante, ils oublient que la monnaie d'or, elle non plus, ne saurait être sans inconvénient employée à des paiements dépassant certaines sommes. On l'a bien vu en décembre 1892, alors que la Banque de France, ne pouvant plus émettre de billets, payait en métal jaune à guichets ouverts : c'était à qui réclamerait des billets. Or, des billets peuvent tout aussi bien représenter de l'argent que de l'or : les États-Unis ont les *silver certificates* qui sont la représentation directe, la photographie en quelque sorte des dollars d'argent monnayés reposant dans les caisses de la Trésorerie ; ils ont également les billets du Trésor, *Treasury notes*, qui sont, eux aussi, garantis par de l'argent et sur la nature particulière desquels nous allons revenir dans un instant. Du moment où le public accepte volontiers le papier en représentation des espèces, peu importe le poids de celles-ci. Il ne s'agit que d'en apprécier la valeur.

D'autre part, quand les *silverisles* (je voudrais acclimater en France un mot spécial pour désigner le métal-argent afin de le distinguer de l'argent-monnaie au sens général) nous disent que gonfler la masse métallique monétaire c'est augmenter la fortune publique dans la même proportion, ils attribuent aux métaux précieux, que ce soit l'or ou l'argent, un rôle qui n'est pas le leur. Qu'est-ce que cette masse métallique en comparaison de la richesse réelle d'un pays ? On évalue à des centaines de milliards la fortune tant mobilière qu'immobilière de la France. Fussions-nous détenteurs, comme certains auteurs le croient, de six milliards de numéraire, qu'est-ce que cela, en comparaison du premier chiffre ?

Il est certain que démonétiser un métal dans un pays, c'est en appauvrir les habitants, puisqu'ils ont reçu ce métal et l'ont payé en marchandises ou en travail à sa pleine valeur. Mais autre chose est enlever à des monnaies existantes leur force libératoire, autre chose cesser de frapper des monnaies libératoires avec ce métal ; dans ce dernier cas on ralentit ou peut-être même on arrête l'extraction du minerai dans les pays producteurs, on les prive d'un profit éventuel, mais c'est tout. Et encore ne faut-il pas oublier que l'industrie minière dans son ensemble est une des plus aléatoires et des moins rémunératrices qui soient. Dans cette Amérique qui est pourtant le pays minier par excellence, l'ensemble du capital placé et dépensé réellement dans les mines d'or et d'argent ne rapporte pas 1 p. 100. Atteindre cette industrie n'est pas frapper une de celles qui enrichissent le plus la contrée. C'est encore un côté de la question qu'il convient de mettre en lumière si on veut être parfaitement équitable.

Du reste, le bimétallisme ne doit pas être envisagé au point de vue de l'intérêt des propriétaires de mines d'or et argent, ni de leurs ouvriers. Les uns et les autres se livrent à une industrie qui doit courir les risques inhérents à toute entreprise humaine et n'ont pas droit à plus de protection que les mineurs occupés à l'extraction de la houille, du fer ou du cuivre. Tout au plus pourront-ils, dans un pays protectionniste, réclamer un traitement égal à celui des autres industriels, c'est-à-dire des tarifs protecteurs contre le minerai étranger ; mais c'est tout. Il s'agit de savoir s'il est de l'intérêt de l'humanité en général d'employer aux usages monétaires deux métaux précieux ou un seul, et, plus spécialement, si l'Europe et l'Amérique du Nord doivent ne plus frapper aucune pièce de métal argent à force libératoire. Pour répondre, il convient de tenir compte de l'état monétaire du monde, tel que nous le décrivions plus haut, d'eu analyser les divers éléments, et d'essayer de deviner quels seront les grands courants commerciaux de l'avenir.

Section III

Quand nous disions que l'Europe et l'Amérique du Nord se servent de l'étalon d'or, nous énoncions une vérité qui ne s'applique qu'à un certain nombre de contrées, les plus riches et les plus puissantes, il est vrai, mais dont la situation diffère totalement de celle des autres. L'Angleterre, la France, l'Allemagne, la Hollande, la Belgique, la Suisse, les États Scandinaves, la Roumanie et la Turquie en Europe, les États-Unis et le Canada dans l'Amérique du Nord, ont assez d'or pour régler leurs transactions internationales au moyen de ce métal. Mais la Russie vit sous le régime du cours forcé, l'Autriche de même, bien qu'elle essaie depuis deux ans de reprendre les paiements en or, sans y avoir réussi encore et en paraissant même plus éloignée du but qu'à la première heure ; l'Italie, pour n'y être pas nominalement réduite, n'en est pas moins eu plein papier-monnaie ; l'Espagne est au même point, ainsi que la Serbie. Au Portugal, le papier règne en maître, avec une couverture métallique inférieure peut-être à ce qu'elle est partout ailleurs. Quant au Mexique, sa constitution monétaire est celle du monométallisme argent pur ; ce métal y est frappé librement en piastres pour compte de tous ceux qui apportent des lingots à la Monnaie. C'est le seul pays important parmi ceux de l'Europe et de l'Amérique du Nord qui soit sous ce régime. Le reste du monde, sauf l'Australie, la Tunisie, le Cap et le Transvaal, qui vivent sous le régime de l'étalon d'or, règle ses transactions en papier ou en argent. Ce dernier métal constitue en particulier la circulation de l'Inde, bien que la libre frappe y soit interdite depuis 1893, de l'Indo-Chine, de la Chine et partiellement aussi celle du Japon, qui possède en outre une circulation de monnaies d'or. Voilà donc six ou sept cent millions d'hommes qui ne connaissent pour ainsi dire pas d'autre monnaie, de grandes nations qui depuis des siècles ont été habituées à n'évaluer la richesse qu'en argent. Nous ne pouvons les ignorer. Ce ne sont pas des sauvages africains ou polynésiens. Leur commerce intérieur est immense, leurs relations avec nous sont nombreuses et grandissent chaque jour. Un des traits caractéristiques de l'Exposition universelle de

Chicago en 1893 était énorme progrès réalisé par le Japon. De 1889 à 1893, c'est-à-dire dans le court intervalle qui avait séparé la célébration à Paris du centenaire de la Révolution française de celle du quatrième centenaire de la découverte de l'Amérique, aux bords du lac Michigan, des observateurs attentifs ont pu constater les pas rapides faits par ce pays asiatique, dont la population égale celle de la France et dont l'industrie rivalise parfois avec la nôtre. N'avons-nous pas un intérêt considérable à nous préoccuper de son système monétaire, c'est-à-dire de l'un de ses moyens d'échange avec l'Europe ?

Lorsqu'un Mexicain parle d'une fortune de cent mille piastres, il se représente la contre-valeur en terres, en maisons, en marchandises, en bétail, de cent mille pièces d'argent à l'effigie de la République mexicaine, pesant chacune vingt-sept grammes. De même lorsqu'un Anglais parle de cent mille livres sterling, il se figure l'équivalent de cent mille pièces d'or appelées souverains ou de mille billets de la Banque d'Angleterre de cent livres sterling chacun, ce qui est la même chose, puisqu'il sait fort bien que ces billets sont convertibles en or. En France nous avons déjà essayé d'analyser l'idée du franc, et nous avons trouvé que, grâce à notre éducation première, nous établissions une assimilation parfaite entre un certain poids d'or et 15 fois et demie le même poids d'argent. Mais cette confusion est due uniquement à la loi et à la tradition des deux ou trois générations qui nous ont précédés. Au Japon, le petit commerce lui-même fait la distinction entre les yens d'or et les yens d'argent. Aux États-Unis, où les changements de régime monétaire depuis la fondation de la République, il y a un siècle, ont été plus fréquents que chez nous durant la même période, on a pris l'habitude de parler de dollars d'or et de dollars d'argent, après avoir, durant la guerre de Sécession et les années qui la suivirent, compté en dollars papier, dont personne n'ignorait la différence avec les dollars métalliques. Aujourd'hui la langue courante des États-Unis distingue les dollars d'or et les dollars d'argent, bien que tous deux soient également monnaie à force libératoire (*legal tender*). Dans l'encaisse des banques, dans les publications de la situation de la Trésorerie, figurent les divisions suivantes : espèces monnayées or et argent, billets du gouvernement (ancienne émission dite vulgairement *greenbacks*, remboursables exclusivement en or), certificats d'or, certificats d'argent, ces deux derniers papiers émis en représentation d'espèces monnayées de l'un ou l'autre métal, et enfin billets de la Trésorerie (*Treasury notes*) émis en représentation de lingots d'argent achetés de 1890 à 1893 par la Trésorerie en vertu du *Sherman Bill.*

Ces *Treasury notes* présentent un caractère étrange, à peu près unique, croyons-nous, dans l'histoire monétaire du monde, et méritent d'être étudiées de très près. En vertu du *Sherman Bill,* le secrétaire d'État à la Trésorerie a, pendant trois ans, acheté tous les mois 4 millions et demi d'onces d'argent au cours du marché et a émis, en représentation de ces lingots, des billets de banque dits *Treasury notes.* Mais le montant de dollars qu'il a émis n'est point, comme on pourrait le croire de prime abord, le chiffre correspondant à la quantité de pièces d'argent qu'il eût pu monnayer au moyen de ces lingots, au titre et au poids du dollar d'argent américain ; c'est un montant identique à celui des dollars d'or qu'il a déboursés pour acquérir ces lingots. Si par exemple avec 3 dollars d'or il achetait une quantité de métal blanc égale à celle contenue dans 4 dollars d'argent, ce n'est pas 4 dollars de *Treasury notes* qu'il émettait, mais 3 seulement. Il en résulte que la quantité d'argent contenue dans une *Treasury note,* c'est-à-dire représentée par elle, est plus forte que la quantité d'argent contenue dans une pièce d'un dollar en argent. C'est une situation extrêmement curieuse et digne de fixer notre attention. On propose, il est vrai, de la faire cesser en autorisant le secrétaire de la Trésorerie à frapper des dollars au moyen de tous ces lingots, ce qui procurerait au Gouvernement un bénéfice énorme de plus de 250 millions de francs, et en faisant simultanément rentrer dans ses caisses, afin de les détruire, les *Treasury notes.* Le public n'y ferait point d'objection, à condition bien entendu qu'il puisse toujours obtenir des dollars d'or en échange des dollars d'argent. Autrement il protesterait à juste titre contre cette diminution de valeur infligée à une partie de la circulation. En tout cas il résulte clairement de la coexistence des *Treasury notes* et des dollars d'argent que les États-Unis ont à la fois deux dollars d'argent de valeur intrinsèque différente, lesquels ne sont assimilés qu'en vertu d'une décision du pouvoir souverain. Mais il convient d'insister sur le fait que cette assimilation n'a pu s'opérer que parce que ces deux dollars d'argent sont chacun également convertibles en un dollar d'or : sinon le législateur américain eût été impuissant à les rendre égaux l'un à l'autre.

Malgré cela, et bien que toutes ces pièces et tous ces billets aient de par la loi une valeur égale, les publications officielles, les bilans des banques les distinguent soigneusement. Il y a plus. Les Chambres de compensation de certaines grandes cités américaines rejettent le dollar d'argent et ses signes représentatifs, *quoiqu'ils soient monnaie légale.* C'est là une des démonstrations les plus frappantes qu'il soit possible de donner de l'impuissance de la loi à constituer une monnaie avec autre chose qu'un poids certain d'un métal certain. Voilà des nationaux qui n'ont pas trouvé une garantie suffisante dans le fait que les dollars d'argent étaient déclarés par le Gouvernement du pays absolument identiques aux dollars d'or ! Cette déclaration a eu beau être renouvelée dans la loi rapportant la clause d'achat mensuel d'argent du bill Sherman ; ils ont cru nécessaire de donner une base unique à toutes leurs transactions ; et cette base a été le dollar d'or, c'est-à-dire 1 gramme, 6716 à neuf dixièmes de fin.

Si la clause du bill Sherman qui ordonnait l'achat mensuel de 4 millions et demi d'onces d'argent n'eût pas été rapportée par la Chambre des députés en août, puis par le Sénat des États-Unis en octobre 1893, et que la circulation américaine eût continué à se saturer d'argent, — ou, ce qui revient exactement au même, de papier émis en représentation d'argent, — la conduite des Chambres de compensation eût sans doute trouvé un grand nombre d'imitateurs. La crainte que le Gouvernement, malgré ses promesses, malgré sa bonne volonté, ne demeurât pas indéfiniment capable de payer tous ses engagements, de rembourser tous ses billets en argent ou en or au choix des créanciers, c'est-à-dire pratiquement en or, se serait répandue de plus en plus : les particuliers, les corporations auraient de plus en plus éprouvé le besoin de stipuler la monnaie, c'est-à-dire le métal faisant l'objet de leurs conventions ; malgré la similitude du nom, chacun eût vite appris à distinguer un dollar d'or d'un dollar d'argent. N'y a-t-il pas là une sorte de démonstration pratique qu'un pays peut compter simultanément en deux monnaies différentes ?

Les États-Unis sont un des champs d'expérience les plus intéressants où il convient d'étudier les différentes évolutions monétaires que les nations modernes sont susceptibles de traverser. Un certain nombre d'Américains ont même songé à adopter l'étalon d'argent pour se mettre en communication directe avec la Chine, le Japon, le Mexique et l'Amérique du Sud, avec lesquels, disent-ils, ce serait établir une communauté d'étalon. Ce n'est pas exact en ce qui concerne ce dernier continent, puisque ce n'est pas l'argent plus que l'or qui forme la base des transactions monétaires de la plupart de ces contrées, mais le papier. En tout cas cette préoccupation nous montre qu'il est nécessaire de considérer ces deux tiers du monde, moins riches et moins civilisés que le tiers vivant sur l'étalon d'or, mais dont l'importance croît de jour en jour et avec lesquels il est de notre plus haut intérêt d'avoir une monnaie commune. Nos fabricants de soies de Lyon se plaignent à juste titre de l'impossibilité où ils sont de continuer leurs affaires avec la Chine et le Japon, en présence des variations de prix du métal argent, dont la baisse constante depuis vingt ans n'a cessé de leur faire subir des pertes d'inventaire. Aux Indes anglaises, où l'expérience de la suppression de la libre frappe de l'argent a été commencée depuis l'été de 1893, il est difficile de juger l'effet que produira cette mesure ; elle peut être le prodrome d'une révolution monétaire dans cet immense empire. Mais l'Asie centrale ne compte qu'en argent ; dans toutes les possessions françaises, Cochinchine, Annam, Tonkin, on ne connaît que la piastre argent. La hausse de ce métal, si elle se produisait aujourd'hui, pourrait avoir des inconvénients aussi sérieux que la baisse des dernières années. Il ne s'agit point de chercher à relever la valeur de l'argent, mais de savoir s'il est de notre intérêt ou non de continuer à nous en servir dans une partie de nos transactions monétaires. Or comment nous en servir ? Nous n'admettons pas la possibilité d'établir un rapport fixe. Il ne reste plus qu'à permettre aux deux métaux de circuler librement, en laissant à la loi de l'offre et de la demande le soin d'en régler la production dans le monde.

Section IV

Le problème une fois amené à ce point se réduit aux deux questions suivantes : une de fond :

Y a-t-il intérêt à laisser subsister dans un pays deux monnaies libératoires, or et argent ?

L'autre de forme :

Si on reconnaît utile de garder aux deux métaux leur fonction monétaire, faut-il conserver les anciennes dénominations de franc, dollar, livre sterling, etc., et continuer à frapper des monnaies dans un rapport déterminé, le 1/2 ou 16 à 1, ou bien ne vaut-il pas mieux frapper seulement des pièces d'un certain poids 5, 10, 15, 20, etc. grammes d'or, 5, 10, 15, 20, etc. grammes d'argent ? Le Gouvernement n'interviendra que pour certifier le poids et le titre de chaque disque, que son effigie garantira. Il laissera aux particuliers, à l'usage, au commerce, le soin d'établir la valeur relative de ces disques. Les Monnaies par tous les pays du monde seront ouvertes à la libre frappe des deux métaux.

Dans les deux cas, chaque nation devra apprendre à compter séparément en monnaie d'or et en monnaie d'argent.

L'objection à faire à ce système est que la transition entre l'état de choses actuel et celui que créerait cette nouvelle législation semble difficile à trouver. Il faudrait par exemple en France décider si tous les engagements actuellement contractés en francs devront être réglés à raison de 5 grammes d'argent ou 0, 3225 grammes d'or par franc, ou bien encore dans une certaine proportion par les deux métaux.

S'il s'agissait d'organiser une société sur des bases entièrement neuves, rien ne serait plus facile que de préciser dans chaque engagement, dans chaque vente, la quantité de métal promise, soit en or, soit en argent. Les parlements en votant les impôts spécifie raient le métal dans lequel ils sont dus.

Une dernière observation doit trouver ici sa place : il est peu probable que nous marchions vers une dépréciation indéfinie de l'argent, les emplois industriels d'une partie de sa production (25 à 30 millions d'onces) lui assurant déjà un débouché et une certaine valeur. D'ailleurs le remède à la baisse est fourni par la baisse elle-même, qui, comme la lance d'Achille, blesse et guérit. A mesure que le prix du métal s'avilit, la production en diminue. La réduction du stock ne sera pas encore sensible en 1893, mais le deviendra en 1894. Beaucoup de mines américaines dans le Colorado, le Montana, le

Nevada, l'Arizona, sont fermées ; les paquebots transatlantiques sont remplis d'ouvriers italiens et autres renvoyés de ces districts, lesquels, ne trouvant plus de travail aux États-Unis, reviennent en Europe. Que si quelqu'un était tenté de croire à un avilissement indéterminé de l'argent correspondant à un renchérissement constant de l'or, nous l'engagerions à se reporter à l'histoire monétaire des premières années de la seconde moitié de notre siècle. En 1857 la Belgique, effrayée de l'énorme production d'or de la Californie et de l'Australie, jugea une dépréciation du métal jaune inévitable et le démonétisa. La France faillit, à l'instigation de Michel Chevalier, entrer dans la même voie. Nos voisins vécurent quelque temps sous le régime de l'étalon d'argent. Des pièces d'or françaises traversaient alors la frontière et servaient à un certain nombre de paiements en Belgique. Un député interpella le gouvernement à ce sujet et dénonça à la tribune de Bruxelles le danger effroyable que cette invasion de l'or français faisait courir au malheureux ouvrier belge, rémunéré de son légitime labeur dans cette monnaie dépréciée !

La harangue du gouverneur du Colorado en 1893 n'est-elle pas une réplique piquante, quoique lointaine, à cette philippique brabançonne d'il y a 36 ans ? N'y a-t-il pas là de quoi nous rendre rêveurs et, si cela était permis en matière monétaire, quelque peu sceptiques ?

Nous ne prétendons en aucune façon avoir formulé dans les pages qui précèdent un projet actuellement pratique ; nous espérons néanmoins que le lecteur voudra bien reconnaître avec nous que cette méditation n'était pas entièrement inutile, destinée qu'elle est surtout à nous rendre plus familiers avec l'idée mère, le caractère fondamental de la monnaie métallique, dont si peu d'hommes se préoccupent et qu'un nombre moindre encore arrive à dégager. L'esquisse de ce qui se passerait si on transformait nos monnaies actuelles, avec leurs dénominations variées, en disques d'or et d'argent dont le poids seul serait indiqué, a pour but d'attirer les réflexions de nos contemporains sur l'essence même de ces francs, de ces dollars, de ces livres sterling, bien plus que de pousser les gouvernements à entrer dès maintenant dans cette voie.

Il n'en est pas moins vrai que c'est peut-être là que se trouvera quelque jour le remède aux difficultés monétaires au milieu desquelles se débat la plus grande partie du genre humain. Ce n'est donc pas faire œuvre stérile que d'engager les économistes et les hommes d'État à prêter quelque attention à ce côté du problème, que leurs travaux ultérieurs et leurs persévérantes recherches devront éclairer au point de le rendre intelligible aux masses, et susceptible alors de recevoir une solution définitive.

ISBN : 978-1979941747

www.ingramcontent.com/pod-product-compliance
Lightning Source LLC
Chambersburg PA
CBHW030046230526
45472CB00005B/1699